ÉLOGE HISTORIQUE

D'ÉDOUARD SERVAN DE SUGNY

PAR

ANTOINE-GASPARD BELLIN

DE LA SOCIÉTÉ ORIENTALE DE FRANCE,
DOYEN DES JUGES SUPPLÉANTS AU TRIBUNAL CIVIL,
SECRÉTAIRE DE LA SOCIÉTÉ LITTÉRAIRE
DE LYON.

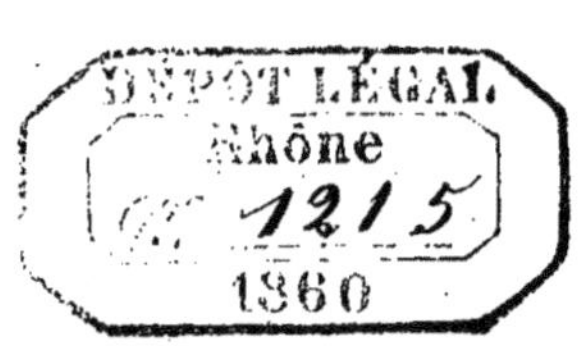

LYON

IMPRIMERIE D'AIMÉ VINGTRINIER

QUAI SAINT-ANTOINE, 55

—

1861

ÉLOGE HISTORIQUE (1)

DE

M. ÉDOUARD SERVAN DE SUGNY.

MESSIEURS,

Lorsqu'il y a quelques jours je présentais à vos regards une esquisse abrégée de vos travaux et de vos actes, pour l'année académique 1858-9, je me félicitais intérieurement de ce que les limites du cadre, dans lequel me renfermait le règlement, m'interdissent de parler des événements ultérieurs. Tout en déplorant les causes de l'absence de celui que vous aviez élu pour présider à vos réunions, pendant le cours de cette période, j'étais heureux de m'arrêter sur le seuil de l'année actuelle et d'ajourner le récit du malheur qu'elle nous préparait. Aujourd'hui, une pénible et délicate mission veut que j'anticipe sur ma tâche future, et que dès maintenant je tourne une page funèbre de nos prochains fastes.

S'il m'est donné de répéter chaque année, comme un écho, sinon fidèle du moins toujours dévoué, les paroles et les triomphes de chacun, il faut que je devienne en ce jour l'organe de la douleur commune, à la suite de la perte que nous venons de faire et qu'en rappelant les titres divers de notre président sortant à la réputation et à la considération publique, je

<hr>

(1) Prononcé à la séance de la Société littéraire de Lyon, du 1er août 1860, par M. Bellin, secrétaire.

rende encore plus sensible, en quelque sorte, le malheur de cette fin prématurée et inattendue. Et cette précipitation même de la catastrophe semble plus désespérante encore, parce que l'arbre a été frappé plein de vigueur et chargé de fruits, condamnés désormais à tomber privés de support et de nourriture. Heureuse destinée cependant que de fournir, dans le cours d'une vie ordinaire, quant à sa durée, une carrière étendue et variée par ses labeurs et d'illustrer personnellement un nom qu'il était déjà glorieux de porter. Tel a été aussi le partage de l'excellent confrère que nous pleurons et qui, tour à tour, comme magistrat, comme poëte, et en dernier lieu, comme orientaliste, a bien mérité de son pays et des lettres universelles.

Jean-Pierre-Marie-Édouard Servan de Sugny, né à Simandre, (Isère), le 2 floréal an VII, était parent de l'avocat général Michel Servan (1), dont le nom est resté dans l'histoire du pays, soit à cause de son éloquence, soit à cause de ses aspirations vers des institutions plus libérales. Après de brillantes études au Lycée impérial de Lyon, le jeune Edouard alla compléter à Paris son éducation professionnelle, par un cours de droit. Là, admis dans l'intimité du duc de La Rochefoucauld-Liancourt, cet homme de bien lui montra la carrière de la magistrature comme celle où son nom lui assignait tout naturellement une place. Deux ans plus tard, appuyé par la recommandation de M. Meaudre, son oncle, député de la Loire, que vous avez compté parmi vos membres, le jeune Servan débutait, avec le titre de juge auditeur, dans le ressort de la Cour royale de Lyon. Un arrêté ministériel l'attachait

(1) M. Servan de Sugny n'a jamais eu la prétention de descendre de l'avocat général Michel Servan, en droite ligne ; mais il était fier de remonter, par ses ancêtres, jusqu'à l'auteur commun de cette famille, dont les branches collatérales devaient briller d'un éclat parallèle, à un siècle d'intervalle.

bientôt au Tribunal de Gex, résidence jurassique heureusement choisie pour un poëte. Il ne devait pas cependant y
faire un long séjour et, transféré au Tribunal de Saint-
Étienne, son admission dans une chambre temporaire allait
l'initier de bonne heure à toutes les exigences de la vie
militante, dans un siége très-surchargé. Investi tout à coup
de la présidence par intérim , une question de compétence
attirait sur lui pour un moment l'attention du monde judiciaire et, afin que rien ne manquât à l'éclat de ce conflit, la
tribune législative retentissait bientôt des griefs de l'opinion,
contre l'institution des juges auditeurs.

Nous avons peine à comprendre aujourd'hui tout le bruit
qui se fit autour d'un jugement sur déclinatoire traduit ensuite devant le parlement comme un attentat contre les
libertés publiques ; nous ne comprenons pas non plus qu'il
se soit trouvé, dans un barreau secondaire, un avocat assez
indépendant pour aborder une question de personnes et
venir contester leur autorité à des magistrats assis sur leur
siége. Mais si l'on réfléchit que l'édifice politique reposait
avant tout sur la légalité, que l'esprit de la constitution compor-
tait l'examen par tous de toutes les questions de droit public,
cette agression si vive au premier aspect s'explique et se
justifie par le zèle de la défense , dans un pays libre. A
trente ans de distance elle nous apparaît seulement comme
un hommage rendu à la loyauté et à la sincérité des institutions.

Quoi qu'il en soit au surplus de cette appréciation ré-
trospective , cette circonstance fut capitale dans toute la
vie de M. Servan de Sugny : elle fit retentir son nom dans
tous les siéges , elle lui attira les félicitations de ses chefs
et, ce qui vaut encore mieux pour le public, elle lui inspira sa pièce des *Tribulations d'un Juge auditeur*, charmant
badinage, qui eut alors un succès de popularité. Cette vogue

était méritée et le temps, en passant sur cette œuvre légère, qui rappelle Régnier pour la verve et Gresset pour la forme, n'a rien ôté de sa fraîcheur à cette spirituelle peinture. Mieux que les plus graves discours, elle aurait pu sauver l'institution éphémère qu'une révolution devait sacrifier sans retour aux sévérités de l'opinion.

Le chantre des misères de cette magistrature nomade ne fut pas heureusement au nombre des victimes : sa courageuse conduite à Saint-Étienne avait déjà obtenu sa récompense alors. Nommé substitut à Roanne, il se trouvait en congé à Lyon, lorsque vint à éclater la Révolution de juillet. Ce changement de régime ne pouvait l'atteindre, étant trop peu avancé à cette époque pour être compromis dans la disgrâce de la dynastie. Il pensait d'ailleurs qu'un magistrat doit demeurer étranger aux tourmentes politiques, et, réalisant la belle fiction de la fontaine d'Aréthuse, traverser pur les partis et la mêlée des passions humaines. Il ne se démit donc pas et, profitant du chômage de la crise, il se rendit à Paris, pour voir de près le théâtre où le grand drame des trois jours venait de s'accomplir. Il voulait contempler les derniers bouillonnements de cet immense cratère, à la veille de se fermer pour se rouvrir dix-huit ans après, plus menaçant encore, spectacle émouvant et plein d'intérêt pour l'observateur de la nature morale, aussi terrible dans ses convulsions que les éléments dans leurs cataclysmes.

Il parcourut avec une curiosité avide tous les lieux où la lutte s'était produite et où la victoire populaire avait laissé une empreinte plus profonde. Au milieu de tous ces édifices dévastés par la guerre civile, le palais des Tuileries attira surtout ses regards, « ce palais que jadis, jeune étudiant, il avait contemplé avec cette admiration respectueuse qui s'attache naturellement au sanctuaire de la puissance et qui, maintenant, veuf de ses hôtes, ouvrait ses grilles forcées à quiconque voulait y pénétrer. Il passa là plusieurs heures de suite à regarder mélancoliquement les résultats de la tempête populaire, ces portes brisées, ces glaces. de Venise labourées avec la baïonnette, ces fleurs de lis arrachées ou salies, ces tableaux percés de balles, ce trône enfin si triste à voir dans sa majesté profanée, souillé de larges taches d'un sang noir répandu sur son coussin de velours rouge, toute cette royauté enfin gisant misérablement à terre, elle qui, quelques jours encore auparavant, semblait défier la tempête (*Vie judiciaire*, p. 42-3). »

Les hommes eurent leur tour dans cette étude contemporaine, et le salon du général Lafayette, qui protégeait alors la situation de toute sa popularité, s'ouvrit devant le jeune magistrat et lui offrit la réunion de tout ce qui était resté à. Paris de gens éminents, dans toutes les classes de la Société. Le prince de Talleyrand, à la veille de partir pour l'ambassade de Londres, était au nombre des invités et s'entretint assez longuement avec le commandant général des gardes nationales de France.

Le Palais-Royal, résidence alors du Roi élu, devait aussi admettre notre confrère dans son enceinte rayonnante et l'éblouir un instant au prisme fallacieux de ses faveurs. éphémères pour lui. M. Servan venait de publier l'*Éloge historique du duc de La Rochefoucauld-Liancourt* : « Il ne voulut point sortir de Paris, sans offrir au nouveau chef de l'État un exemplaire de son œuvre. Présenté à l'audience royale par le fils du défunt, le marquis de La Rochefoucauld, député du Cher, l'accueil fait au jeune magistrat eut de quoi flatter son amour-propre. En prenant de ses mains la brochure en question, Louis-Philippe le félicita « d'avoir vécu dans l'intimité d'un homme qu'on pouvait, à juste titre, nommer un grand citoyen, et qui avait été l'ami de sa jeunesse, de son âge mûr, de toute sa vie. » M. Servan répondit qu'il

« appréciait, comme il le devait, l'honneur qui avait rejailli
sur lui de cette connaissance et qu'il aurait toujours présen-
tes à l'esprit, pour chercher à les imiter, les rares vertus
et les belles actions qu'il avait vues de si près , » ajoutant
que le duc de Liancourt n'avait malheureusement pas assez
vécu, pour jouir du spectacle de l'avènement au trône du
prince qui occupait une si grande place dans son cœur,
comme il en avait souvent jugé par lui-même, en causant
avec lui ; à quoi le Roi répondit « qu'il eût été également
heureux de le voir dans cette circonstance solennelle ; qu'il
regrettait de n'avoir pu protéger la vieillesse d'un homme
que le gouvernement de la Restauration avait eu la mauvaise
inspiration de persécuter, et à qui la tombe même n'avait
pas offert un abri contre d'injustes rigueurs. » En achevant
de parler, le Roi me parut sensiblement ému, et je crus
même voir sa paupière s'humecter. Enfin, Sa Majesté me fit
l'honneur de m'inviter, par l'organe de l'aide de camp de
service, à venir dîner chez elle deux jours après, un diman-
che, à six heures (Ibid., p. 47-8). »

M. Servan de Sugny a reproduit, dans sa *Gerbe littéraire*,
les détails du festin royal auquel il prit part, la place honorable qu'il y occupait, à côté de la princesse Louise, depuis
reine des Belges, les entretiens qu'il eut, après le repas,
soit avec elle, soit avec sa sœur, la princesse Marie, soit
aussi avec madame Adélaïde, sœur du Roi, les paroles qu'il
échangea avec Benjamin Constant, pouvant à peine se tenir
sur ses jambes, à la suite d'une chute qu'il avait faite en
descendant de la tribune, et auquel il offrit l'appui de son
bras, circonstance qui engagea la conversation entre eux.

« Mon mérite, répondit l'illustre publiciste aux éloges de son
interlocuteur, mon mérite est bien peu de chose, et nul, je
vous assure, n'en est plus convaincu que moi-même. C'est
un rude métier que celui que j'ai fait ! J'y ai perdu mes

forces et ma santé, et aujourd'hui que je touche au terme de ma carrière, je n'ai pas la certitude d'avoir rien produit de vraiment beau, ni de vraiment utile (p. 505 et 513). »

Le jeune magistrat dut être content de cette soirée, qui l'avait fait asseoir à côté de tant de grandeurs et de célébrités, et qui ouvrait de brillantes perspectives à sa légitime ambition. Malheureusement l'envie vint traverser ces décevants augures et l'un de ses chefs dans la hiérarchie, qui, jusque-là, semblait sourire à ses succès, lui témoigna depuis lors une froideur glaciale et eut la naïve petitesse de lui dire, dans une entrevue : « Monsieur, vous vous êtes adressé à plus haut que moi, obtenez maintenant par cette voie l'avancement que je vous réservais, car je ne m'en occuperai plus à l'avenir. » Ainsi, le festin royal eut aussi son quart d'heure de Rabelais, pour notre confrère, qui s'en consola par ce quatrain improvisé :

> Philippe, en accueillant ma légère brochure,
> D'une place à sa table a daigné m'honorer :
> Ce dîner-là m'a fait grand bien, je vous assure,
> Mais Monsieur Barboteau n'a pu le digérer.

(Vie judiciaire, p. 51).

Il quitta ensuite la capitale pour se rendre à Montbrison, où il trouva à la tête du parquet un ancien condisciple, M. de Leuillon-Thorigny, également membre de cette Société. Les sessions d'assises, qui suivirent son installation, furent laborieuses, les crimes même ordinaires augmentant généralement le lendemain d'une révolution, à cause de l'ébranlement imprimé au corps social par le changement de régime. Le jury, d'ailleurs, ne fut pas au-dessous de sa mission, la répression fut énergique et six condamnations capitales furent prononcées ensuite de ses verdicts. Pour son début devant la juridiction criminelle, M. Servan de Sugny porta la parole contre un individu qui avait empoisonné son père. Ce fils dénaturé fut condamné à la peine des parricides et il entendit son arrêt avec une tranquillité plus grande , à coup sûr, que celle de son accusateur, et qui eût servi au besoin de complément de preuve à la culpabilité (Ibid. p. 54). La réputation oratoire de M. Servan allait donc s'établissant sur de larges bases à cette école et, le bon témoignage des présidents d'assises aidant , il pouvait légitimement espérer sa translation du siége de Montbrison au chef lieu du ressort, comme il est arrivé et comme il arrive encore à bien d'autres, lorsqu'une affection inflammatoire , due à l'influence meurtrière du climat , vint interrompre cette série de travaux assidus et consciencieux. Six mois durant, le jeune officier de justice lutta contre la fièvre, entre la vie et la mort, et lorsqu'il fut en état de rejoindre son poste, une ordonnance du 22 décembre 1832, lui conférait le titre de procureur du Roi à Gex.

Les menées des réfugiés piémontais devançant, par leurs aspirations démocratiques , le concours d'événements non encore préparés, devaient lui fournir l'occasion de déployer les éminentes qualités de son esprit, sous une autre face. Ainsi aux luttes de l'audience allaient succéder les combinaisons de la diplomatie et l'action militante contre la foule ameutée. Informé, en février 1834, que la bande du général Ramorino devait se diriger sur la Savoie, en traversant le pays de Gex, M. Servan de Sugny, en l'absence momentanée du sous-préfet , imagina de faire prévenir par estafettes les maires de cinq à six communes, limitrophes du canton de Vaud, d'avoir à faire préparer des logements pour un corps de troupes françaises attendues dans la nuit même, heureux stratagème qui épargna à l'arrondissement une invasion armée, détermina l'expédition à suivre un autre itinéraire, pour finalement rentrer dans le port de Genève , contrariée par les vents qui la repoussèrent des côtes du Chablais. Un mois plus tard, il procurait l'arrestation des meneurs d'une émeute républicaine, qui éclatait à Gex, tandis que l'insur- -rection d'avril opposait à Lyon une résistance acharnée. Cette conduite devait lui mériter les éloges de ses chefs et, dans une audience particulière, M. Persil, alors garde des sceaux, lui témoigna tout le plaisir qu'il avait à le voir, « car j'aime, dit-il, les fonctionnaires intelligents et énergiques, et vous avez été l'un et l'autre dans les circonstances. » Puis, comme le visiteur songeait à se retirer, pour laisser le ministre donner des signatures, celui-ci le retint et, quand il eut fini cette opération volumineuse, il reprit la conversation en ces termes : « En témoignage de ma satisfaction, j'avais obtenu de Sa Majesté votre nomination à la place de président du Tribunal de Trévoux, siége qui, par sa grande proximité de Lyon, devait vous convenir. Mais, avant de rendre ce choix officiel, j'ai dû m'assurer si M. Perrier, auquel vous succédiez, acceptait sa promotion au poste de Conseiller à la Cour royale de Lyon, que renfermait la même ordonnance. Malheureusement ce magistrat, par suite d'engagements pris avec les électeurs qui l'avaient envoyé à la Chambre, s'est cru forcé de refuser cette dernière position, en sorte que je n'ai pas pu faire pour vous ce que je désirais (Ibid., p. 73-5.) M. Servan de Sugny exprima alors au ministre toute sa gratitude, l'assurant que c'était déjà beaucoup pour lui qu'il l'eût jugé digne d'être président. »—Oui, mais, pour moi, ce n'est pas assez, Monsieur, reprit-il d'un ton tout à fait bienveillant, et j'aurais voulu pouvoir faire réellement quelque chose en votre faveur..... Au reste, il ne tiendra pas à moi, que vous n'obteniez une fois ou l'autre la récompense de vos services. »

De retour à Gex, les occasions ne manquèrent pas au magistrat de s'attirer de nouveaux éloges du ministre, qui l'avait invité à correspondre directement avec lui, et qui le loua plus tard du tact et de l'esprit de discernement, qui l'avaient dirigé dans une conjoncture où il lui eût été impossible d'en référer à aucun supérieur. Il s'agissait du passage de la marquise de La Rochejacquelein, condamnée à mort par coutumace, et descendue à l'hôtel de la Poste ; la gendarmerie allait la faire arrêter, ce que notre confrère empêcha, en prenant sur lui la responsabilité de cette détermination, qui permit à la vendéenne de gagner Genève, deux heures après.

Un autre jour, un autre passager, qui venait saluer furtivement, dans ses excursions inopinées sur la frontière, le sol de la patrie où plus tard il devait revenir en sauveur de la civilisation et rouvrir l'ère impériale, était signalé au moment où il franchissait les limites de la Suisse avec sa mère, pour visiter l'ancienne habitation de l'auteur de la Henriade. M. Servan de Sugny, qui avait consulté d'avance le garde des sceaux à ce sujet et reçu des instructions en ce sens, ne permit point que ces illustres voyageurs fussent inquiétés, en satisfaisant une curiosité presque légitime (Lettre de M. Persil, du 9 avril 1835) (Ibid., p. 78). Ainsi, plus tard, le duc d'Aumale, proscrit à son tour, devait parcourir librement, mais dans le cœur même de la France, les ruines d'Alésia et rechercher, dans l'inspection des lieux, sous un autre règne, des inspirations et des éclaircissements sur un point d'archéologie militaire.

Un autre incident, où la présence d'esprit du magistrat conjura le déchaînement de la fureur populaire, se produisait à l'occasion d'un changement dans le titulaire de la paroisse de Gex. En apprenant la nomination à ce poste d'un autre prêtre que M. Froment, premier vicaire, chéri de tous les habitants et désigné pour cette place par la voix publique, le peuple furieux se porta aux abords de l'église et dans le cimetière, en criant à la trahison et en menaçant de renverser l'édifice et le presbytère. Le tumulte était à son comble. Le procureur du Roi, qui s'était transporté immédiatement sur le théâtre du désordre, ne tarda pas à entendre de violents coups de marteau et de levier appliqués contre les parois extérieures de l'église. Il s'élance sur le perron, se collant contre l'entrée de la serrure, dans laquelle on avait introduit une forte broche en fer, destinée à la faire sauter. « Otez-vous de là, ou il vous arrivera malheur, » lui criait-on de toutes parts. — « Non, je ne m'en ôterai pas, répondit-il avec force, et si vous persistez dans vos projets sacriléges, je m'ensevelirai sous les ruines que vous allez faire, et vous aurez deux crimes au lieu d'un à vous reprocher. » Puis, profitant de la trêve que cette apostrophe avait provoquée, il adresse une courte allocution à la foule, en terminant par ces mots : « Malheureux! vous vous dites catholiques et vous voulez renverser une église ; que feriez-vous donc de plus si vous étiez des protestants? » Cet argument *ad hominem* eut un effet irrésistible, et, en un instant, du paroxysme de la violence, l'attroupement passa à la discussion et avisa aux moyens légaux d'obtenir le redressement du grief qui l'avait tant exaspéré (Ib., p. 84). M. Servan de Sugny rencontrait ainsi la plus douce de toutes les récompenses, dans l'accomplissement de son devoir, celle d'obtenir par la persuasion ce qu'il est rare de procurer autrement que par la force.

Une autre satisfaction plus intime et plus durable lui était réservée dans la vie privée, et, en le bannissant du tribunal de Gex, allait fixer son bonheur domestique pour toujours. Le 19 janvier 1836 voyait consacrer son union avec Mlle Cécile Rouph de Varicourt, nièce du président de ce siége et petite-cousine de cette Reine de Varicourt, nommée *belle et bonne*, par Voltaire, qui la maria au marquis de Villette. Cet hymen créait un cas d'exclusion, sans dispense possible, pour M. Servan de Sugny , qui donnait ainsi l'exemple , assez peu contagieux du reste , de l'ambition cédant à l'amour. Il quitta donc Gex , cessant ainsi par le fait toutes fonctions judiciaires. Enfin , le 24 avril , M. Sauzet , qu'un orage parlementaire venait de porter au Ministère de la justice , réalisant la promesse de son prédécesseur M. Persil, rendait notre confrère à l'exercice de sa charge , en le transférant du siége de Gex à celui de Nantua.

Les tempêtes politiques s'étaient enfin apaisées, la dynastie semblait avoir triomphé des factions opposées et , à la faveur de cette trêve qui paraissait devoir durer longtemps , la justice répressive allait concentrer plus particulièrement l'effort de sa vigilance sur les matières du droit commun. L'usure , ce fléau de la propriété agricole , exerçait alors ses ravages dans l'arrondissement de Nantua. Nulle part , peut-être , la plaie n'était plus profonde et plus vive que dans ces montagnes : un canton tout entier (celui de la Combe-du-Val) était réduit , pour ainsi dire , à n'avoir plus un seul habitant propriétaire du sol qu'il tenait de ses ancêtres , ni de la maison paternelle. Dans la vue d'apporter un remède au mal , notre confrère dirigea donc des poursuites contre ceux que la rumeur publique désignait pour se livrer à ces coupables transactions. Plusieurs condamnations s'ensuivirent. Bientôt un banquier , contre lequel des présomptions suffisantes surgirent de la discussion d'un procès civil , dut venir s'asseoir sur le banc correctionnel où les petits capitalistes l'avaient précédé. On doutait presque , au début de l'information , que la poursuite fût réelle , l'opinion s'étant accoutumée à regarder le chef de cette maison comme supérieur aux coups de la justice. La curiosité était donc vivement excitée par la qualité du prévenu , et une affluence énorme se porta dans le prétoire et suivit, avec une attention soutenue, les débats, qui remplirent trois audiences.

« On aura beau, Messieurs, dit le procureur du Roi, en terminant son réquisitoire, équivoquer sur ce qu'on doit positivement entendre par opérations de banque, la conscience publique fera justice de subtilités contraires à la droite raison et de doctrines funestes à la morale. Les banques véritables sont celles qui tendent à accroître la prospérité générale, en prêtant des ailes au commerce, et non celles qui introduisent la misère au sein des familles. Celui que vous voyez maintenant revêtu des dépouilles de pauvres laboureurs, exerce une des plus belles professions de la société ; il marche l'égal des premiers de la ville, il a droit à l'estime de ses concitoyens... ; c'est un banquier ! Amère dérision qui pourrait porter le pauvre habitant des campagnes à maudire l'état social, et à lui faire considérer une de ses institutions comme une espèce de coupe-gorge existant, sous la protection de l'autorité, dans le but de ravir le bien des gens simples et honnêtes (Ibid. p. 92). »

Un acquittement, prévu du reste sur place, s'ensuivit pourtant ; mais, sur l'appel du ministère public, il y eut condamnation en 40,000 f. d'amende, annulée pour vice de forme par la Cour de cassation, et enfin confirmée, en son principe, par la Cour royale de Lyon. *Et justitia manet.* D'autres poursuites, contre des gens occupant une position dans le monde, furent encore imposées au zèle et à l'impartialité de M. Servan : un notaire, un avoué, un avocat, un capitaine de gendarmerie, durent subir l'épreuve de l'examen judiciaire, pour des faits de charge la plupart. Enfin, la création d'un journal d'opposition avancée, *le Patriote de l'Ain*, fondé à Nantua par un gentilhomme récemment converti au républicanisme, fut l'occasion de nouvelles sollicitudes et d'une surveillance de chaque numéro. L'autorité supérieure voulait arriver à la suppression judiciaire de cette feuille, qu'il eût peut-être été plus sage de laisser mourir en repos, au milieu de son obscurité rustique. Un de nos plus spirituels correspondants, modeste notaire de campagne, que ses saillies heureuses faisaient rechercher des gens de goût, figurait avec succès comme volontaire dans cette campagne contre le journaliste radical. *Les Coups de fouet* de Me. Rossand ont fait sentir, plus durement que les foudres du parquet, au *Patriote de l'Ain*, combien l'agression est fertile en sanglantes représailles, sur le terrain de l'ironie et de la personnalité.

Voici d'abord comment il saluait la bienvenue de son adversaire, dans le camp des journalistes :

> Le comte Biribi naguère
> Convertissait les chiffons en papier :
> C'était un honnête métier.
> Il fait aujourd'hui le contraire :
> De papetier il devient pamphlétaire.
> Chacun son goût ; mais il faut convenir
> Qu'il vaut encor beaucoup mieux faire
> Du papier blanc que d'en salir.

(Épigr. xxviii, 1.ere livr.)

Venait plus loin l'appréciation de l'esprit général de la publication :

> Vois-tu, mon cher, la liberté,
> Dans ta feuille diffamatoire,
> Est comme un vin qu'on a mal enfûté :
> Il tourne à l'aigre et l'on n'en peut pas boire.

(Épigr. xviii, 2e livr.)

Au milieu de ces conflits si émouvants de la vie militante du parquet, sur une scène secondaire que la politique était venue quelquefois agrandir, en dernier lieu, dans l'affaire Chauvin, agent des sociétés secrètes, détaché au camp de Dessines, pour menacer la vie du duc de Nemours, et continuer cette série de machinations régicides, accompagnement obligé de toutes les fêtes, et de toutes les solennités de la

dynastie de Juillet, au milieu de ces tristes préoccupations,
une excursion dans le monde des idées vient nous offrir une
diversion agréable. Le biographe se repose dans cette oasis
des lettres, avec la même volupté que s'y est délassé le
magistrat, aux prises avec la réalité des passions humaines,
dont il réprime chaque jour les excès et les débordements.
Au sein de cette mêlée, il éprouve le besoin de détourner
quelquefois ses regards de cet affligeant spectacle et de les
reporter sur des objets plus riants et moins tourmentés.
C'est l'heure où chacun va encenser quelque idole secrète :
celui-ci le monde, celui-là les beaux-arts, tel autre les
combinaisons du jeu ou les douceurs d'un far-niente contem-
platif. D'autres, que la richesse de leur imagination sollicite,
même au sein des travaux les moins poétiques, consacrent
de courts loisirs aux intimes fréquentations de la muse. Il
semble que ces entrevues rapides et pour ainsi dire clan-
destines ajoutent, par leur frugalité même, quelque chose à
l'attrait et à la fécondité. La satiété, qui est une pierre
d'achoppement sur le chemin des vocations, est ici sans cesse
conjurée par les exigences de la fonction et du devoir.

C'est avec cette sobriété stimulante que M. Servan de
Sugny, doué de cette éminente aptitude pour les lettres, qui
fait les grands auteurs, aimait à consacrer à leur culte les
heures que ne réclamait pas chez lui l'administration de la
justice. Les postes alpestres qu'il occupa en dernier lieu ne
pouvaient absorber tout son temps ; et quel plus noble usage
pouvait-il faire de ce superflu, que de l'appliquer à des
exercices où il réussissait toujours, et qui avaient valu un
nom honorable à son frère, dans une carrière parallèle,
mais bien plus courte ? C'est à Nantua que M. Servan de
Sugny réunit le fruit de ses heures de loisir en un volume
qu'il publia, sous le titre de *Gerbe littéraire*; recueil de
poésies de divers genres, qui toutes décèlent une facilité

à toute épreuve, un goût fin, souvent de l'originalité et quelquefois même du génie.

Le volume s'ouvre par *Cent ans au désert*, tableau religieux et mystique, dans lequel l'auteur décrit les austérités de Paul, ermite dans la Thébaïde, assisté dans sa retraite par Dieu même, qui lui envoie miraculeusement chaque jour un pain pour subsister. Dans ce poëme, l'auteur a développé l'esquisse tracée, par saint Jérôme, de la vie des solitaires, au Ve siècle de l'Eglise :

> C'est là que le mortel, persécuté, trahi,
> Trouve, ainsi qu'autrefois Moïse au Sinaï,
> Un Dieu consolateur qui lui parle, l'écoute,
> Dissipe sa tristesse et lui montre sa route,
> Et du sublime espoir de l'immortalité
> Lui forge un bouclier contre l'adversité.
> Sur lui les passions n'ont déjà plus de prise ;
> Les grandeurs lui font peur ; les biens il les méprise ;
> Les plaisirs de l'esprit, les délices des sens
> Ont à ses yeux perdu leurs charmes si puissants ;
> La gloire même en vain veut le séduire encore,
> La gloire, ce perfide et brillant météore,
> Qui, par l'homme invoqué, pour prix de longs travaux,
> Passe loin des vivants et luit sur des tombeaux.
>
> (3e partie, p. 35-6.)

Dans un genre moins élevé, M. Servan de Sugny a traduit sur la scène un préjugé que le progrès des sciences naturelles a rendu moins dangereux, mais qui compte encore aujourd'hui quelques dupes. *Stainville ou les deux Alchimistes*, comédie en un acte et en vers, dirigée contre les adorateurs de la pierre philosophale, avait été composée pour amuser les invités du duc de La Rochefoucauld, à son château de Liancourt, et aurait obtenu les honneurs de la représentation sur cette scène champêtre, si la mort du roi Louis XVIII n'était venue comprimer l'essor des plaisirs trop bruyants, dans le monde officiel. Voici en quelques mots l'analyse de cette pièce :

Le général Stainville, sauvé des rigueurs judiciaires de la réaction de 1815, par le négociant Dupeyron, apprend, à son retour en France, à la faveur de l'amnistie, que son bienfaiteur, à la suite de revers commerciaux, dissipe les derniers débris d'une grande fortune, qu'il veut refaire d'après les perfides conseils d'un charlatan, affublé du titre d'alchimiste. Sa ruine est désormais certaine : un créancier exaspéré va commencer les poursuites, et Dupeyron touche à la dernière heure de son bien-être, lorsque le général Stainville, heureux de trouver ce moyen de payer la dette de la reconnaissance, vient offrir ses services gratuits au négociant aux abois, prend place au fourneau et revient bientôt avec un lingot d'or à la main :

> Hermès trois fois puissant a, par mon entremise,
> Promptement consommé cette grande entreprise.
> Elle a bien réussi, comme chacun peut voir :
> Quatre cent mille francs sont en votre pouvoir !...

(pag. 364.)

DUPEYRON.

> Je reste confondu par un si grand bienfait,
> Monsieur.

STAINVILLE.

> Suivant mon cœur, je n'ai pas assez fait ;
> Mais, par amour pour vous, Monsieur, je vous annonce
> Qu'il faut que votre esprit au grand œuvre renonce,
> Ou que, si par malheur vous le cherchez encor,
> Enfumée aussitôt s'en aille tout votre or.

(pag. 366—7.)

Victor ou la Diligence versée, poëme en quatre chants, publié d'abord sous le voile de l'anonyme, comme l'avait été le *Clovis à Tolbiac* de Jules Servan de Sugny, nous retrace, dans un style badin, les dérangements apportés à la carrière

12

182

d'un jeune lévite par un accident vulgaire, bien fréquent
alors sur les grandes routes, arrivé à une voiture publique :

> Oh ! qu'il en coûte à mon discret pinceau
> De retracer l'image descriptive
> D'un accident, qui sans ma faute arrive.
> Quelles couleurs prêter à mon tableau,
> Moi qui crains fort toute couleur trop vive ?
> Chaste Diane, ici seconde-moi
> Pour raconter ce fatal désarroi...
> Le dieu du mal dut s'en faire une fête,
> Car on tomba sans ordre et cul sur tête,
> Et maint objet au jour se révéla
> Que nul n'avait aperçu jusque-là.
> On vit mêlés cotillons et soutane,
> Mélange impur que le pape condamne !
> On vit..., mais quoi ! que dis-je, auteur profane ?
> Rassurez-vous, mon lecteur bon chrétien :
> Il faisait nuit, personne ne vit rien.

(Chant IIe, p. 412-3.)

Heureuse chute peut-être, parce qu'elle eût eu plus tard
des suites bien plus funestes pour le prêtre que pour le
néophyte, car il vaut bien mieux, selon l'expression d'un
prélat non moins spirituel que pieux, en parlant du héros
de ce poëme et en faisant allusion au Jocelyn de Lamartine,
que Victor ait brûlé d'une flamme profane, avant qu'après
son bail avec le Créateur.

Le reste du volume est occupé par plusieurs pièces fugi-
tives, qu'après dix-huit années j'ai relues avec plaisir, en
déplorant la triste circonstance qui me ramenait à ces pages
consacrées aujourd'hui par la mort, mais dont la fraîcheur
triomphera longtemps de ces flétrissantes atteintes. En tête, il
faut placer, au point de vue de l'esprit français et de la délicate plaisanterie, *Les Tribulations d'un juge auditeur*, dont
le retentissement a survécu à l'institution :

> Que maudit soit le jour où Monsieur Peyronnet,

Du vainqueur de l'Europe invoquant le décret ,
Aux juges auditeurs redonna l'existence !
Car, que nous a valu la fameuse ordonnance
Qui de notre milice a couvert le pays ?
Pas un sou , de la peine et beaucoup d'ennemis.
Et qui sait si toujours nos têtes seront sauves ?
On nous traque en tous lieux comme des bêtes fauves :
Pétitions, pamphlets s'amassent contre nous ,
Et nous sommes en butte au plus ardent courroux...
En vain, dans ce conflit, la cour régulatrice
Soutient par ses arrêts notre frêle édifice ;
Tout le monde travaille à le faire crouler.
Tenons ferme pourtant , et , loin de reculer ,
Marchons visière haute et rendons témoignage
Que les soldats sans paie ont aussi du courage !

(pag. 64-5.)

Il faut encore citer, comme dignes d'un examen spécial,
Le Pays de Gex, l'*Epître à mon chien*, *Esculape et la mort*,
Le Manteau volé et son maître. Les vers suivants, que Gresset
n'aurait pas désavoués dans sa *Chartreuse*, sont placés dans
la réponse du manteau à son légitime possesseur :

Combien, hélas ! je souffrais à mon tour
De me sentir sur l'épaule honnie
D'un scélérat couvert d'ignominie !
Oh ! c'est alors surtout que j'ai jugé
Jusqu'à quel point d'humeur, de caractère,
Du criminel l'homme de bien diffère.
Car avec vous lorsque j'ai voyagé,
Je n'éprouvais presque aucune secousse,
Tant votre marche était égale et douce !
(Hormis pourtant quand vous faisiez des vers).
Mais de quel train me menait le pervers,
Qui m'avait pris avec tant d'impudence !
Ses mouvements étaient brusques, heurtés,
Et, me tirant de différents côtés,
A ma faiblesse il faisait violence.

J'en concluais qu'il avait des remords,
Et que sans doute à son âme oppressée
La juste peur de la maréchaussée
Faisait d'avance éprouver mille morts.
Je me disais : Voilà l'effet du crime !
Le malheureux qui s'y laisse entraîner
Est plus à plaindre encor que sa victime.

(p. 132-3).

Il faut aussi mentionner, parmi les plus beaux épis de cette gerbe glanée dans le domaine de Thémis, *Mercure en voyage :*

Atteignant l'Amérique, il a devant les yeux
D'esclaves fustigés le spectacle odieux.
« Quoi, pense-t-il en lui, ce peuple qu'on dit sage,
« Vante l'indépendance et maintient l'esclavage !
« L'élève de Franklin suit bien mal ses leçons
« Et n'est pas si parfait qu'il en a l'air.... Passons ! »

(p. 167).

La Rêverie, pièce remarquable, sur un sujet pourtant bien usé ; mais il n'est rien que le talent ne sache rajeunir, surtout quand il évoque les souvenirs de l'enfance :

Heure d'enchantement, trop vite évanouie !
Tu sèmes de bonheur les abords de la vie ;
Mais, semblable au mirage éclos dans le désert,
Dès qu'on marche en avant ton prestige se perd.

(p. 188).

Le Bonheur est dans la vertu, *la Campagne*, boutade inspirée par le contraste de la réalité agreste avec la nature de convention, à l'usage de l'idylle, *Les grands Hommes*, un chant bachique où le couplet suivant trouve heureusement sa place :

Les Quarante enfin voyant bien
Qu'il en fallait rabattre,

Puisqu'on leur donnait pour tout bien
De l'esprit comme à quatre,
Se dirent un jour :
Quittons le séjour
Du Parnasse où nous sommes ;
Soyons de grands fous,
Buvons de grands coups,
Nous serons de grands hommes !

(p. 254-5).

Plusieurs fables, *le Lycée de Lyon* et enfin *la Poésie et la Justice*, où l'auteur peint, sous une forme frivole, le contraste piquant qui existait entre ses goûts et ses fonctions :

Pour une âme un peu généreuse
Il est bien triste, en vérité,
De voir toujours l'humanité
Sous sa face la plus hideuse.
Si, parfois, émule en espoir
De Théocrite et de Virgile,
Je médite une tendre idylle,
J'apprends quelque forfait bien noir
Qui me vient remuer la bile,
Et je laisse là mes pipeaux
Et les bergers et leurs troupeaux....

Ainsi, dans ma triste carrière,
Privé de consolation,
J'imagine que sur la terre
Le vice est la règle ordinaire,
Et la vertu l'exception.
A mes yeux, de l'illusion
Tombe le kaléidoscope,
Et le cœur humain développe
Ses replis honteux devant moi.
Philinte, procureur du Roi,
Serait avant peu misanthrope.

(p. 129-30).

C'est ainsi, Messieurs, que notre illustre confrère employait les loisirs que lui laissait sa charge, charmants travaux qui pouvaient s'avouer sous la toge, parce que le cœur s'élève dans ces délassements d'élite, bien mieux à coup sûr que dans les fumées de l'estaminet, ou dans les tournois du wist et de la bouillotte dont les héros sont trop enclins à contester la distinction de ces jeux au profit de leurs distractions vulgaires, délassements inoffensifs autant que faciles, mais qui ne sauraient aspirer à la suprématie, sans s'attirer de légitimes représailles. Qu'il soit donc permis aux esprits élégants et féconds de se livrer à leurs exercices favoris, dont le public consomme à son heure et sans peine les produits savoureux et dont l'auteur a le premier salué la bienvenue. Heureux et noble passe-temps que le poëte a su décrire comme il savait l'apprécier :

> Ma muse ainsi, par des rimes faciles,
> Sut alléger le poids des mauvais jours
> Dont toute vie est trop pleine en son cours.
> A des écrits bien graves, bien utiles,
> Qu'un autre voue et son temps et ses soins.
> « Plaisir de plus et grand renom de moins, »
> C'est ma devise et, sectateur d'Horace,
> J'aime à semer de fleurs l'étroit espace
> Qui du cercueil sépare nos berceaux.
> Mais si ma muse est parfois joviale,
> J'ai su toujours respecter la morale,
> Et je me ris des méchants et des sots.

(p. 462-3.)

La *Gerbe littéraire* ne devait pas clore la série des publications de M. Servan de Sugny, pendant le cours de sa magistrature à Nantua. Un livre capital en son genre et qu'on peut louer sans témérité, aujourd'hui que les conclusions implicites en ont été adoptées par le législateur, un livre plein de révélations curieuses et profitables pour l'homme d'État, allait paraître sous ses auspices et associer plus tard son nom aux réformes en matière pénale, comme celui de son parent avait été associé, au siècle dernier, à l'adoucissement de l'instruction criminelle. Et comme pour mieux faire éclater la mystérieuse obscurité des desseins de la Providence, il était réservé à un forçat libéré de concourir, comme témoin oculaire, à tracer l'épouvantable tableau du bagne, dont la suppression devait être ordonnée plus tard, à la suite d'une défaillance sociale. Enfin, comme pour certifier la véracité de la peinture et attester sa hideur réaliste, c'était un procureur du Roi qui devait se faire l'éditeur de la *Confession d'un malheureux*, par Jean-Claude Romand. Cette union de deux hommes si divers de position et d'antécédents, dans un but commun, a pu exciter d'abord de la surprise, elle a même scandalisé quelques-uns, et le contre-coup de cette appréciation fâcheuse a trouvé un écho jusque dans cette enceinte. Et cependant si l'on réfléchit que les désordres affreux du bagne ne pouvaient être révélés que par un transfuge, le personnel de la chiourme, vicié radicalement par des contacts infâmes, ayant intérêt à cacher des turpitudes dont il retire souvent le produit et dont le bas peuple de l'endroit bénéficie même ; que, d'un autre côté, il fallait un nom autorisé pour accréditer les dépositions de ce témoin d'un nouveau genre, il faut reconnaître que M. Servan de Sugny ne pouvait pas hésiter, dans son ardent amour pour l'humanité, à se faire l'interprète du bon larron, qui voulait faire tourner la rigueur de son châtiment à l'enseignement du législateur.

A-t-on jamais songé à blâmer Parent-Duchâtelet au sujet de son étude consciencieuse, mais dégoûtante, sur la sentine des mœurs contemporaines ? L'administrateur n'a-t-il pas consulté avec fruit ce manuel des infirmités du cœur et des sens, et l'amour du bien public n'a-t-il pas suffi à préserver de toute souillure l'observateur qui se plongea dans toutes les vases de l'immondice humaine, pour en sonder la profondeur et en signaler les émanations pestilentes ? Il fallait aussi que la lumière fût faite sur les horribles enseignements de ce réceptacle de tous les vices, qui aurait fini par gangrener toute la population des villes maritimes, compromise par ses relations ou ses intérêts dans la vie des forçats. Il fallait nous montrer ces misérables recherchant l'ensevelissement des cholériques, pour dépouiller impunément les morts et outrager indignement des femmes mourantes ; un père mettant à prix la jeunesse et les grâces féminines de son fils, adolescent de dix-huit ans, condamné avec lui pour complicité dans un assassinat ; un vieux forçat honni, parce qu'il avait blâmé des camarades pour avoir volé des marins qui avaient partagé leur ordinaire avec eux, et obligé de s'éloigner de ceux qu'il avait scandalisés par cette réflexion de probité vulgaire ; des forçats à la veille de quitter le bagne, par suite de grâces motivées sur l'*amendement moral qui s'était fait remarquer en eux*, complotant le moyen de dévaliser, même au prix d'un meurtre, la veuve d'un chirurgien de la marine enlevé par le choléra, et nantie de 60,000 francs en écus ; d'autres enfin se vantant, dans l'atelier des tailleurs, qu'étant employés à l'hôpital comme servants, ils avaient empoisonné des marins malades, pour s'emparer de leur pécule, à la dernière heure.

Une âme ordinaire eût hésité à se faire l'écho et le garant de tant de turpitudes, s'il eût fallu en recueillir la confidence d'un ancien hôte de cette moderne Sodome. Mais la contagion du crime expié ne pouvait effrayer le magistrat, qui put aller s'asseoir, dans une froide journée d'hiver, au foyer du criminel repentant, pour recevoir sa confession pleine d'enseignements profitables pour la société, comme Vincent de Paule avait revêtu la casaque et les fers d'un galérien, par charité, deux siècles avant, pour faciliter son évasion et lui permettre de revoir sa famille (*Vie de saint Vincent de Paule*, par Le Maire, Paris, 1825, p. 79-82); et plus tard, lorsque, par ses soins et sur sa recommandation, la réhabilitation fut venue permettre à l'ancien forçat de renaître à la vie civile, le protecteur du forçat put donner le signal de la réconciliation entre la société et son ennemi, désarmé par sa clémence. Il put chanter alors cette *Résurrection* d'un nouveau genre, en vers harmonieux et sympathiques, comme le sentiment qui avait inspiré cette généreuse initiative. Quel enseignement profond, Messieurs, dans cette conduite de l'homme de la loi inexorable, du directeur de la poursuite, de l'instigateur du châtiment, qui, après l'expiation encourue, va relever le pécheur repentant et lui montre que la justice, sévère par nécessité, sait, elle aussi, guérir les blessures qu'elle a faites, quand l'amendement est venu effacer la souillure et purifier, par le fer et par le feu du remords et de la honte, un cœur passagèrement corrompu !

> Il est donc vrai, Romand, la clémence du trône
> Des plus précieux droits t'a fait la riche aumône ;
> Au forçat éclipsé succède un citoyen,
> Et l'honneur t'est rendu!. . L'honneur, c'est un grand bien,
> Ami ; c'est le premier des biens de cette terre :
> Celui qui l'a perdu doit rougir et se taire,
> Ou plutôt, comme toi, s'armant de repentir,
> Il doit de l'infamie au plus vite sortir,
> Répudier le crime et, lavant sa souillure,
> Reconquérir son rang de roi de la nature. — (Pag. 9.)

L'instruction de cette procédure en réhabilitation fut l'un des derniers actes de l'administration de M. Servan de Sugny. La direction du parquet de Nantua lui fut retirée, par une ordonnance du 9 novembre 1845, qui le nommait juge à Montbrison, place qu'il crut ne pas devoir accepter, malgré les instances du ministre, parce que c'était déchoir, après vingt années de magistrature. Pour arracher cette triste exécution au garde des sceaux, il avait fallu lui représenter que le *Réveil de l'Ain*, transformation démocratique du *Patriote*, pourrait devenir très-dommageable à la cause gouvernementale, si notre confrère continuait de présider à la direction des poursuites contre ce journal. Ce moyen était de ceux qui ne manquent jamais leur effet. M. Servan de Sugny avait le tort de répugner à des poursuites, qui aboutissaient toujours à des acquittements devant le jury. La destitution de M. Servan fut donc, on peut le dire, surprise par obsession et exagération, à un ministre dont les facultés baissaient, sous le coup d'une affection mortelle, à un roi usé par l'âge et les luttes d'un premier établissement, et qui avait perdu de vue son hôte du Palais-Royal. Ainsi donc la faiblesse du ministre et du prince laissèrent écrire cette page honteuse dans les annales judiciaires de Lyon, et qui n'a pas été effacée du vivant de la victime. Car si, à la suite des événements de février, il ne tint qu'à M. Servan de rentrer dans la vie active, en acceptant l'avancement qui lui était offert, ses opinions monarchiques ne lui permirent pas de faire acte d'adhésion à un régime pour lequel n'étaient pas ses sympathies. Il lui répugnait de se rallier, au lendemain d'une révolution qui n'avait pas de raison d'être aux yeux de bien des gens, et qui apparaissait aux esprits sages plutôt comme le tombeau que comme la restauration des libertés publiques.

Ainsi rendu sans retour aux loisirs de la vie privée, M. Servan de Sugny consacra les longues journées de sa retraite à l'étude, se livrant, sans arrière-pensée et sans réserve, à son penchant pour les lettres, qui allait lui ouvrir de nouveaux horizons. Mais avant de vouer le reste de sa vie à ce culte exclusif de la muse, notre confrère voulut rendre compte au public de sa carrière publique, au milieu de laquelle une déplorable disgrâce était venue l'arrêter. Il publia donc, en 1847, sa *Vie judiciaire*, restée sans réplique, préparant ainsi à son biographe à venir les preuves à l'appui de la réhabilitation qu'il aurait à édifier, pièces en mains ; justification éclatante qui a permis au magistrat outragé de retracer l'état de services distingués, et l'a obligé à déchirer le voile que la modestie se plaît à jeter sur les succès et les triomphes. Il est certaines révélations d'amour-propre que le malheur seul autorise, l'homme qui a le sentiment de sa dignité ne se décidant à parler lui-même de son mérite, que lorsque ce mérite est ouvertement contesté. Telle était la position de notre excellent confrère, en quittant une magistrature qui était bien au-dessous de sa valeur personnelle, après vingt années d'exercice, dans des postes qu'on peut appeler aujourd'hui de commençants, toute carrière sortable devant finalement ramener son titulaire au chef-lieu judiciaire du ressort. Qui eût été plus digne cependant que M. Servan de Sugny de parcourir les grades intermédiaires, comme tant d'autres, et de venir ajouter l'illustration personnelle de son talent à l'expérience judiciaire des magistrats de la Cour de Lyon ? Combien ce retour au centre de ses affections eût été plus en harmonie qu'une disgrâce avec tous les titres de préférence que nous venons d'énumérer, avec tous ceux qu'il nous reste à dérouler encore ! Combien cette issue eût été plus honorable pour le régime constitutionnel, qui avait la prétention de favoriser le mérite, que cette révocation cruelle arrachant ces tristes paroles à la victime d'élite immolée à un caprice !

« Adieu, noble magistrature ; à qui j'ai consacré les meilleures et les plus belles années que le ciel m'ait départies ici-bas, adieu ! Beaucoup d'ennuis, peu d'agrément, jamais de faveur, voilà quel a été mon lot, pendant que je t'ai appartenu, et cependant je ne voudrais pas, à l'heure qu'il est, avoir embrassé une autre carrière. Il est vrai que c'est aux conseils d'un illustre et bien-aimé vieillard que j'ai dû d'avoir revêtu cette toge qu'on vient de m'arracher, sans qu'il y ait eu démérite de ma part, et que ce seul souvenir suffirait pour me la rendre chère ; mais il est encore une autre considération qui me porte à m'applaudir de la direction que j'ai donnée à mon existence.

« Dans la plupart des carrières publiques ou des professions privées, l'homme intellectuel est mort, pour ainsi dire, celui qui les exerce se trouvant forcément jeté en dehors de toutes études et spéculations philosophiques ; en sorte qu'après une pratique un peu prolongée de ces états, quand l'heure du repos a sonné, on retombe lourdement sur soi-même, privé qu'on est, avant de dormir son dernier sommeil, d'une source féconde de distractions et de plaisir. Pour le magistrat, au contraire, les facultés de l'esprit ont constamment été tenues en éveil par l'exercice même de ces fonctions, qui n'ont roulé que sur de grands objets, l'homme, ses devoirs, ses intérêts, ses passions, ses crimes : sublimes et profondes matières où le penseur et le poëte peuvent puiser de fortes inspirations, destinées à éclore et à fructifier plus tard, au soleil vivifiant de quelque solitude chérie. Cicéron à Tusculum, Montesquieu à la Brède, d'Aguesseau à Fresnes n'ont-ils pas continué de servir et d'éclairer leurs semblables, comme ils le faisaient du haut de leurs siéges e sous l'éclatante simarre ? N'ont-ils pas surtout joui, dans ces lieux paisibles, d'un bonheur plus pur qu'au milieu du tumulte des affaires et des enivrements du monde ?

« A bien peu de gens, sans doute, est réservé l'honneur d'approcher de ces grandes et rares intelligences, mais les plus faibles talents peuvent entrer dans la voie qu'elles ont si noblement ouverte aux magistrats sortant de charge.

Et, à ce dernier titre, je peux et je veux, au sein des loisirs qu'on m'a créés, demander à la culture des lettres, non la gloire qu'il m'est interdit de conquérir, non pas même le bonheur, mais les quelques consolations qui me sont devenues nécessaires, pour combler le vide effrayant qui se fait de plus en plus autour de moi (*Vie judiciaire*, p. 124-6). »

Cet engagement, Messieurs, n'était pas une résolution téméraire, et treize ans de vie privée devaient fournir à notre président le moyen d'accomplir fidèlement sa promesse et de faire diversion longtemps à une douleur cruelle,

Hæret lateri lethalis arundo.

(Virg., *Eneid.*, lib. iv, v. 73.)

On se console bien de tomber avec la chute d'un trône, car il est glorieux de participer aux grandes destinées, même dans ce qu'elles ont de plus rigoureux ; mais combien est plus rude le coup qui frappe un homme de bien et le fait descendre des régions les plus considérées, comme s'il était indigne de les habiter. Il est donc bien naturel de protester alors par des prodiges de distinction et d'activité contre cette inique disgrâce, et de faire éclater aux yeux de tous l'erreur qui brise l'existence de celui qui en est la victime. C'est donc pour mettre de plus en plus en lumière l'éminence de ses facultés méconnues, que notre confrère reprit avec plus d'ardeur que jamais ses travaux favoris.

La catastrophe de février, en détournant son esprit de préoccupations plus calmes et plus riantes, ne pouvait manquer de devenir pour lui un grave sujet de méditations. Ce changement si profond et si imprévu lui inspira quelques pages qu'il publia, en mai 1848, sous le titre de *Souvenirs, réflexions et vœux d'un Français, à l'occasion de l'établissement de la République*. En présence de la prépondérance des mouvements populaires dans la capitale, sur le sort de la France, il rechercha les moyens de conjurer le retour des surprises et s'arrêta à une combinaison qui permît de tenir en réserve, loin de Paris, un dernier boulevard de l'ordre et des lois. Ce rouage nouveau, appelé *Modérateur*, avait beaucoup d'analogie avec le grand électeur de la constitution de Sieyès, et répondait assez bien à ce besoin d'alors de soustraire le pouvoir suprême à la pression des influences de la rue, et de déplacer le centre du pays, pour cause de suspicion légitime. Le triomphe des principes d'ordre, en juin 1848, vint calmer ces appréhensions et préparer les voies au rétablissement de la monarchie, après bien des évolutions que l'instinct public sut traverser, sans perdre de vue le but de ses aspirations légitimes. Le temps revint aux études calmes, et M. Servan de Sugny, à qui l'Académie avait accordé sa première vacance, reprit ses travaux spéculatifs. Dans son discours d'installation, il traita de *La Vie littéraire*, montrant que, dans toutes les professions libérales, l'amour des lettres est une source d'élévation morale et de jouissance. Le militaire, le médecin, le prêtre, l'homme d'État, le magistrat enfin, tous retrempent utilement leurs forces au contact de la muse. Malheur à ceux que ces nobles distractions trouvent froids et indifférents ; « plaignons-les de n'avoir pas reçu de la nature des organes assez délicats pour goûter de telles jouissances, et pardonnons à ceux qui, plus malheureux encore, vont jusqu'à y voir un motif de démérite et de réprobation (p. 6). » *Les Plaisirs d'un Solitaire* avaient devancé de quelques mois cette étude académique, car notre confrère avait hâte d'augmenter sa part dans ces trésors toujours ouverts pour la main qui sait y puiser, « et qui nous permettent, selon son expression, de nous élever au-dessus de la foule vulgaire et de laisser, lorsque nos corps sont réduits en poussière, un nom qui retentisse encore quelquefois dans le monde des vivants (1). »

L'auteur a réuni, dans ce volume, différentes pièces, soit en prose, soit en vers, comme il avait fait pour la *Gerbe littéraire.* Du reste, toujours même facilité, même fécondité d'imagination, et même pureté de goût. Dans *Une nuit à Ferney,* petite localité du pays de Gex

> Que de sa lumineuse trace
> Son hôte ancien éclaire encor,
> Comme à nos yeux se change en or
> Tout nuage où le soleil passe, — P. 10.

il s'élève avec force contre ces heureux bâtards de la littérature, « qui gagnent plus d'argent, avec leurs misérables rapsodies, que les plus grands écrivains n'en ont jamais gagné avec leurs chefs-d'œuvre, » et il se console du scandale de leurs succès, en songeant que la prodigieuse vogue qui s'attache à leurs écrits, dure autant que la mode d'un chiffon de femmes ou d'une coupe d'habit, un peu moins même quelquefois, en sorte que ce sont proprement marchandises et non compositions littéraires.

> O *Juif Errant, Mystères de Paris,*
> *Monte-Christo, Fils du Diable,* on vous passe
> D'être cotés en boutique à haut prix,
> Point vous n'avez de cours sur le Parnasse. — P. 21.

Le Voyage impromptu de Louëche-les-Bains à Thoune et retour se fait lire avec intérêt, même après tant d'impressions sur la Suisse. *Le Curé de Retord, La Vallée de Cachemire,* allusion politique, *La Silhouette de l'histoire de la littérature française,* résumé rapide des principales publications dans notre langue, nous amènent, par une route variée, à la pièce capitale et durable du recueil: *Un jour*

(1) *Vie littéraire,* p. 14.

d'expiation, tragédie en un acte, dont le sujet a été fourni à notre confrère par Suétone (*De vitâ Augusti*, cap. 91), et dont nous avons reçu communication, il y a treize ans, à cette même place. Les principaux événements qui sont représentés dans cette composition dramatique, sont conformes à l'histoire : l'auteur n'a fait qu'en rapprocher les dates, heureux de mettre à profit la bonne fortune qui s'offrait à lui de trouver sous sa main des faits vrais, assez intéressants pour être introduits, sans notable altération, dans son ouvrage.

L'exposition de cette pièce rappelle les grands maîtres, par la clarté et la vigoureuse facture du vers :

> L'action est hardie et m'étonne moi-même ;
> Mais du grand Jupiter tel est l'ordre suprême :
> Trois fois, dans mon sommeil, il me l'a répété.
> Pour fléchir Némésis, rude divinité,
> Il faut que, dépouillant la pourpre impériale,
> Chaque année, à ce rôle un jour je me ravale,
> Que je mendie et tende aux passants cette main
> Qui tient le gouvernail de l'Empire romain.
> Par cette abjection il faut qu'Auguste lave
> Les crimes que commit l'ambitieux Octave,
> Alors qu'au rang suprême il voulait parvenir.
> Terrible Némésis ! tu sus trop l'en punir,
> Car tu semas l'opprobre au sein de sa famille,
> Et fis de feux impurs brûler sa propre fille,
> Sa Julie... ô douleur ! Ne pourrai-je pas voir
> Ce que j'ai tant d'envie et de peur de savoir ?
> Oui, le costume est bon : devenu moins qu'un homme,
> Nul ne me craindra plus. L'on me croit loin de Rome ;
> Dans mon char, à ma place, un esclave est monté,
> Et je puis mendier en toute liberté.
> Pour moi, grand Jupiter, ta bonté se déploie,
> Quand vers la vérité tu m'ouvres cette voie.
> Tels qui, pour l'Empereur, portaient un masque au front,
> Vont à ce mendiant paraître ce qu'ils sont. — P. 211-2.

En effet, protégé par ce travestissement, Auguste surprend divers secrets de l'opinion, le mécontentement de Gallus, le complot de Rufus contre ses jours, la passion de Julie pour Ovide, qui paie de l'exil l'honneur d'avoir touché le cœur d'une princesse du sang impérial.

> C'est de toi, malheureux, que ce désordre part,
> Poëte renommé, mais corrupteur des âmes.
> Au lieu de réveiller ces généreuses flammes
> Par qui nos fiers aïeux conquirent l'univers,
> Que fais-tu ? Sur l'amour tu composes des vers,
> Non sur ce sentiment qui forme aux grandes choses,
> Mais sur ce lâche amour qui dort parmi les roses.
> Enseignant à tromper pères, maris, tuteurs,
> Ta poésie énerve et dégrade les cœurs.
> Bientôt, dénaturant nos mœurs mâles et graves,
> Tu changerais mon peuple en un troupeau d'esclaves ;
> Nos jeunes citoyens seraient de vils Pâris,
> Et Rome deviendrait une autre Sybaris.
> Malheur aux nations que le plaisir enivre !
> Sans dignité, sans gloire, on les voit se survivre.
> Et celui-là se change en public assassin,
> Qui met, par ses écrits, ce poison dans leur sein.
> C'est là ton crime, Ovide, et rien ne peut t'absoudre ;
> La mort... Mais le laurier préserve de la foudre,
> Et je ménage en toi le poëte inspiré
> Qui sera d'âge en âge et partout admiré,
> L'émule, heureux souvent, de Virgile et d'Horace.
> Conserve donc la vie, Ovide ; mais ta place
> N'est plus dans cette cour, ni même à Rome... Pars,
> Et, nous laissant entiers aux jeux sérieux de Mars,
> Emporte tes amours chez les Scythes sauvages.
> Là, sous un ciel glacé, parmi d'affreux orages,
> Retrempe ton génie à la mollesse enclin
> Et sois un autre Orphée aux rives de l'Euxin.
> Admirant ton talent, haïssant ta personne,
> Je te relègue, Ovide..., et ma main te couronne ! — P. 242-4.

L'année 1852, qui devait faire succéder, dans les esprits,

le calme à l'agitation et à l'inquiétude, inaugurait pour les études spéculatives une ère de calme et de recueillement que l'activité intellectuelle saisit avec bonheur, pour enrichir de nouvelles importations le trésor de l'esprit national.

C'est aussi à partir de cette époque féconde à plus d'un titre, que M. Servan de Sugny arrivait à cette heure de la vie où l'inspiration poétique doit faire place à l'exercice d'autres aptitudes, qui se perfectionnent indéfiniment par l'expérience et par le travail, lors même que l'imagination s'est éteinte avec les derniers feux de la jeunesse. La traduction en vers des poëtes étrangers ouvre alors une nouvelle carrière au talent, qui peut cueillir encore de nouvelles palmes dans des régions moins explorées que les chefs-d'œuvre de la Grèce et de Rome. M. Servan de Sugny songea donc à faire passer, sous une forme poétique accessible à la masse des lecteurs, les richesses littéraires mises à la disposition de la science, par les conquêtes de l'Europe dans cet Orient que le monde occidental aspire aujourd'hui à pénétrer plus intimement de son esprit et à entraîner dans l'orbite de ses destinées humanitaires. Mais, en échange des idées nouvelles que le vieux monde est à la veille de recevoir, il est juste que nous payions à ses œuvres d'intelligence le tribut d'admiration qu'elles méritent, et que nous nous préparions aussi par l'étude à remplir dignement notre rôle d'initiateur. M. Servan de Sugny a compris dès premiers que l'heure était venue de populariser les résultats que l'orientalisme européen a produits. Reprenant les travaux d'érudition qu'il avait déjà ébauchés, lors de sa première jeunesse, à la faveur de quelques relations avec le personnel diplomatique ottoman, pendant son séjour à Paris, vers 1825, il publia un spécimen, sous le titre d'*Étude orientale*, comprenant trois odes de Hafiz et une élégie de Saadi, poëtes persans, traduites en vers français avec le texte et la traduction interlinéaire en prose. Il était impossible de mettre avec plus de loyauté les éléments de la question sous les yeux du lecteur, en même temps que de montrer tout ce que l'original gagnait de fini et d'élégance, sous la main d'un traducteur chez qui l'arabisant n'avait pas étouffé le poëte. Ecoutez encore une fois les plaintes mélancoliques du vieillard de Chiraz, et dites si l'importation n'est pas heureuse, même chez les héritiers de la littérature qui avait produit Horace.

> Sans nous, hélas ! croîtra la rose,
> Sans nous le printemps renaîtra ;
> Notre paupière sera close,
> Que le gazon reverdira.
>
> Juillet embrasera le monde,
> Décembre obscurcira les cieux,
> Mai rendra la terre féconde,
> Que nous aurons quitté ces lieux !
>
> Les jardins fleuriront encore,
> En troupe y viendront les amis
> Boire à l'ombre du sycomore,
> Et nous, nous serons endormis.
>
> Nos corps formeront de l'argile,
> Quand viendront des hommes nouveaux,
> Qui fouleront d'un pied tranquille
> La poussière de nos tombeaux. — P. 21.

A la fin de cet opuscule de poésie exotique, M. Servan de Sugny annonçait l'intention de mettre plus tard au jour les traductions en vers des principaux poëtes arabes et turcs, et il commençait la réalisation de cette œuvre capitale par la *Muse ottomane*, volume devenu classique aujourd'hui, dans la littérature orientale, la guerre de Crimée concentrant alors sur la Turquie l'attention et les sollicitudes de l'Europe, sans cesse renaissantes. Cet ouvrage, publié sous les auspices de l'Académie impériale des sciences, belles-lettres et arts de Lyon, renferme des pièces du genre lyrique, le seul dans lequel se soit exercé le génie poétique des Ottomans, dans la période classique : notre confrère y a mis à contribution quarante-quatre auteurs principaux, au nombre desquels onze sultans, dont plusieurs bien positifs, hélas ! dans leurs cruautés, témoin Amurat IV, vainqueur de Bagdad, dont il fit exterminer la plupart des habitants. L'islamisme a toujours exercé une sanguinaire influence sur le cœur des souverains : c'était peut-être là, comme ailleurs, la faute des institutions plus que celle des hommes. L'élégie, l'ode, l'épigramme même viennent caresser tour à tour agréablement la curiosité du lecteur, dans ce choix de pièces d'élite, précédé d'un *Précis de la Poésie chez les Turcs*, et suivi de *Notes et Éclaircissements*, où l'érudition est mise à la portée du lecteur avec cette sobriété habile qui fait aimer les leçons du philologue. Il serait inutile de faire ressortir l'importance de cette œuvre, dont la réputation est fixée désormais, qui ouvrit à son auteur les portes de la *Société orientale de France*, à laquelle nous eûmes l'honneur, M. Guyet et moi, de le signaler, et qui restera comme la première assise du monument élevé par la France à la gloire littéraire du monde oriental. Contentons-nous donc de savourer à nouveau, comme dans un banquet funèbre des Brachmanes, deux pièces de genres divers. Dans l'une, le sultan Amurat II s'adresse à un échanson :

> Enfant dont la joue est vermeille,
> Cours et m'apporte sans retard
> Le reste de ce vieux nectar
> Dont hier j'égayai ma veille.
> Dis qu'on remette dans ma main

Mon luth à la corde sonore,
Car jusqu'à ma suprême aurore
Je veux bannir le noir chagrin.
Trop tôt viendra l'heure fatale
Où, la mort terminant mes jours,
J'irai reposer pour toujours
Sous une pierre glaciale.
Là, le plaisir ne règne plus ;
Là, tout ce qui vit la lumière
Forme une insensible poussière
Où tous les rangs sont confondus. — P. 191.

Dans l'autre, Hibétulla, femme poëte, princesse du sang impérial, jetée en prison à la suite d'une révolution de palais, craignant une fin plus cruelle encore, s'empoisonne et compose, en attendant les effets du mortel breuvage, ces stances touchantes de son hymne funèbre :

Ce poison, que j'ai dans mes veines
Versé comme un pur élixir,
Qu'il tarde à terminer mes peines !
Mon âme, il est temps de partir.

Dans le beau jardin de la vie,
Je ne rêvais que le plaisir,
Mais j'ai connu la perfidie.
Mon âme, il est temps de partir.

Lorsque le destin nous accable,
A quoi sert, hélas ! de gémir ?
Le monde est toujours implacable.
Mon âme, il est temps de partir.

Qu'ils s'attachent à l'existence,
Ceux à qui sourit l'avenir,
Mais moi, je n'ai plus d'espérance.
Mon âme, il est temps de partir.

Aucun dévoûment ne demeure
Où le malheur se fait sentir :
On rit, on boit, quand moi je pleure.
Mon âme, il est temps de partir. — P. 237-8.

Tant de travaux recommandables à divers titres désignaient sans doute M. Servan de Sugny à la distinction que plusieurs d'entre nous ont obtenue, et qui, dans les régions de la science et des lettres en province, doit être l'indice d'un mérite éminent qu'il n'est pas possible de méconnaître, sans trop d'endurcissement et d'injustice. Cette récompense était due à notre confrère, comme elle est due, sans faveur, aux hommes qui illustrent leur pays par des découvertes ou d'importantes publications, et le temps seulement a manqué pour lui décerner cet insigne honorable qu'un prince infidèle s'est empressé de lui conférer, sur la demande de M. Thouvenel, ambassadeur de France à Constantinople. L'ordre du Medjidié est donc venu apprendre aux concitoyens de M. Servan de Sugny que son nom était prononcé avec éloge sur les rives du Bosphore, comme plus tard à la cour de Berlin. Le roi Frédéric-Guillaume IV de Prusse, sanscritiste lui-même éminent et protecteur de François Bopp, auteur de la grammaire de l'antique langue des Védas, accueillait avec bienveillance la *Muse ottomane*, et écrivait de sa propre main, à notre confrère, une lettre, pour lui exprimer l'intérêt tout particulier que lui avait inspiré cet ouvrage, dont il acceptait plus tard la dédicace pour une seconde édition, en engageant l'auteur à pousser plus loin ses travaux sur la poésie orientale. C'était prêcher un converti : nous avions déjà reçu les prémices du *Génie poétique de l'Orient*, qui devait compléter cet aperçu grandiose sur la littérature d'un autre monde. Notre président esquissait ainsi les dimensions de ce monument dans une épître au même prince, après son abdication, intitulée *Le Trône et les Lettres* :

> Animé par ta voix, je poursuis l'entreprise
> D'amener parmi nous des Muses d'Orient
> La troupe à l'œil de flamme, au visage riant.
> Le lecteur, sur mes pas, visitera le Pinde
> Des Chinois, des Persans, des habitants de l'Inde ;
> Il entendra l'Arabe, en ses transports brûlants,
> Célébrer la vengeance et les combats sanglants.
> Il connaîtra les chants des Mongols, des Tartares,
> D'autres peuples encor, plus rudes, plus barbares ;
> Et peut-être ces fruits de l'Orient vermeil
> Lui plairont plus que ceux nés sous notre soleil. — P. 19.

Cette épître, où se retrouvent toutes les qualités du style que nous avons tant de fois appréciées chez notre savant poëte, devait être pour lui comme le chant du cygne et comme le dernier son de cette lyre, qui avait retenti, quarante années durant, pour les bonnes lettres et les bonnes doctrines en toutes choses. La présidence, que nous avions été heureux de déférer à M. Servan de Sugny, tant à cause de ses travaux remarquables qu'à cause de son caractère bienveillant et cordial, d'autant plus sympathique aux succès des autres qu'ils lui portaient moins ombrage, la présidence ne fut jamais exercée par lui, malgré le désir qu'il me témoignait de venir s'asseoir au milieu de nous : les étreintes d'une maladie désorganisatrice des principales fonctions vitales, comme celle qui nous ravit Grégorj dans la maturité de l'âge, furent plus fortes que les inspirations du devoir, que les attraits d'une dignité académique nouvelle. Les bocages de Cessy, qui avaient abrité son activité et retenti de ses accents, devaient retenir leur hôte plus longtemps que d'habitude, et le protéger de leur salutaire ombrage, et lorsque, sur la fin de l'été, il revoyait la grande ville, où la

rigueur de la destinée ne voulait pas qu'il s'installât solidement jamais, c'était pour demander des secours à l'art
médical et fuir en toute hâte vers les montagnes du Dau-
phiné, où les eaux thermales allaient être impuissantes à
rétablir l'équilibre que le mal faisait pencher chaque jour
de son côté. Tout portait donc à pressentir l'imminence d'une
catastrophe, et il ne devait plus nous être donné d'entendre
cette voix puissante, qui nous avait fait ses adieux, le
26 mai 1858, dans la traduction de quelques pièces échappées
à la muse des poëtes couronnés du Céleste-Empire. Nous
devions rester sous l'impression de ces nouveautés exo-
tiques : dans la vie académique de notre président sortant,
le talent et l'activité ne connurent pas de lacune, et il
n'était réservé à aucune production faible de trahir cette
dégénérescence qui avertit, quelquefois trop tard, l'écri-
vain de songer à la retraite. Heureuse compensation,
qui pourrait jusqu'à un certain point adoucir ce qu'il y a
de cruel dans cette fin prématurée, venant interrompre
tout à coup un labeur utile, qui ne demandait plus que
quelques années, pour voir resplendir le couronnement, au
sommet de l'édifice. Mais que parlé-je d'œuvre inachevée? La
liste des publications de notre confrère ne suffit-elle pas à
fonder solidement sa réputation et à recommander son nom
à la mémoire de la postérité? Quelques pages de plus,
quelques distinctions nouvelles n'auraient rien ajouté à ses
titres ; quelques années de plus n'auraient pas permis de
réparer à son égard l'injustice des hommes. Il était trop
tard pour reprendre une carrière brisée et empêcher que
le monde officiel, privé de son concours glorieux, pût dire
à son sujet, non sans amertume :

> Rien ne manque à sa gloire, il manquait à la nôtre.

Non, la journée du 4 février 1860 n'a rien changé à

l'illustration de notre confrère, elle a plutôt servi de point de départ à sa renommée, elle a permis d'inventorier les richesses de sa veine et de ses incessants labeurs, de raconter les succès et les services du magistrat, calomnié par les cabales de la concurrence et de l'ambition, de dérouler quelques pages de cette *Vie judiciaire*, si accablante pour ses persécuteurs, et qu'il a eu la générosité d'omettre toujours dans la nomenclature de ses œuvres, en signe de pardon à ses ennemis. Après s'être justifié, parce qu'on l'avait traité comme un coupable, il a gardé quatorze ans, sans plus se plaindre, cette blessure toujours saignante dans le fond de son cœur. Retiré du monde, il voulait bannir à jamais le souvenir de ses déceptions, de ses promesses et de ses haines, et circonscrire le reste de ses jours dans ces frais vallons de Cessy, propices à l'inspiration et au perfectionnement esthétique, en présence des beautés de la nature, si frappantes dans les sites du pays de Gex.

> Rura mihi et rigui placeant in vallibus amnes,
> Flumina amem sylvasque inglorius. O ubi campi
> Sperchiusque et virginibus bacchata lacænis
> Taygete ! O quis me gelidis in vallibus Hæmi
> Sistat et ingenti ramorum protegat umbrâ.
>
> (Virg., *Georg.*, lib. ii, v. 485-9.)

> Oh ! qu'ils viennent dans ces contrées,
> Ceux que l'ambition dévore sourdement,
> Dont la soif des honneurs fait le secret tourment ;
> Qu'ils viennent : de ces monts les brises éthérées
> Verseront dans leur âme un précieux calmant.
> En reposant à l'ombre des grands chênes,
> Ils sentiront bientôt de leurs brillantes chaînes
> Le poids devenir plus léger ;
> Et, nouveaux Bajazets, leur ardeur inquiète
> S'apaisera sans doute au son de la musette
> De quelque insoucieux berger.
>
> (*Le Pays de Gex. — Gerbe littéraire*, p. 73-4.)

C'est là que la mort est venue visiter notre confrère, sinon plein de jours, du moins plein de fructueuses études et de sentiments de résignation et de foi. Une expression de sérénité resplendissait encore sur cette physionomie si bienveillante, longtemps après que la dernière heure avait sonné. C'était comme une prolongation accordée pour les suprêmes adieux. On eût dit l'extase d'un de ces pieux solitaires de l'Arye, qui se retiraient loin du monde, s'en remettant à la Providence de leur vie matérielle, et qui, au milieu du silence et de la prière, s'abîmaient dans la contemplation de la Divinité, pour s'absorber finalement en elle. Ainsi vous avez sans doute fait, excellent confrère, et la meilleure partie de vous, celle qui enfantait ces œuvres que vous nous laissez pour modèles et pour consolation, s'est envolée vers ces demeures éternelles où s'accomplit la fusion suprême des races, loin des dissentiments d'intérêt, de coutumes et de langage, et au sein desquelles, c'est le vœu que nous formons, comme le vieux père d'Yaznadate, vous ne nous oublierez pas :

> Tàn lokàn mad' anudyâtô
> yâhi, tu pitar, çâçwatàn.

> *(Valmiki, Ramaïde, — Yajña-datta-*
> *bâdo pâkyâñam, sl. 85).*

Hosce locos, præses, nostrî ? memor, ito perennes.

Pars, sans nous oublier, pour ce monde meilleur !
Monte... au divin séjour de l'éternel bonheur.

(Trad. de Guerrier-de-Dumast.
Fleurs de l'Inde, p. 60).

Gaspard Benjamin.

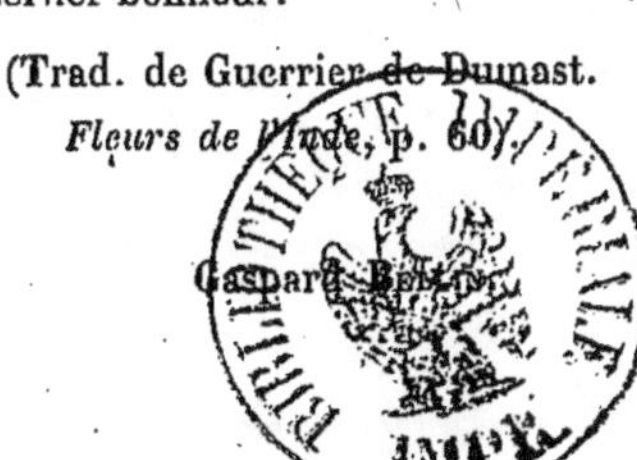